AF314480

T
d 189
212

DÉPÔT LÉGAL
Loire-Inf.re
N° 2
1900

Td 89
212

DU MARIAGE DES SOURDS

EN AMÉRIQUE (ÉTATS-UNIS)

Nantes, imp. C. Mellinet, place du Pilori, 5. — Biroché et Dautais, sucrs.

DU MARIAGE DES SOURDS

EN AMÉRIQUE (ÉTATS-UNIS)

Par Édouard-Allen Fay

Traduction du docteur CHACHEREAU

Directeur du Bureau d'Hygiène de Nantes.

Messieurs,

Vous m'avez fait l'honneur de me demander le compte rendu d'une enquête sur les résultats du mariage des sourds en Amérique — ou, pour parler plus exactement, aux États-Unis — par M. Edouard-Allen Fay.

Cette enquête a été publiée sous les auspices et avec l'assistance pécuniaire du Bureau Volta, de Washington, dont la mission est l'accroissement et la diffusion des connaissances concernant les sourds.

Cette enquête a été commencée en 1889 et continuée sans interruption depuis cette époque. Elle a porté sur 4.471 mariages où l'un des conjoints au moins était sourd : son but essentiel était de répondre aux questions suivantes :

1° Les mariages de sourds sont-ils plus susceptibles de produire des sourds que les autres mariages ?

2° Les mariages dans lesquels les deux conjoints sont sourds sont-ils plus susceptibles de donner naissance à des sourds que les mariages dans lesquels l'un des conjoints est sourd et l'autre normal ?

3° Les sourds de certaines catégories sont-ils plus prédisposés que d'autres à engendrer des sourds? Comment sont constituées ces catégories ? Quelles sont les conditions qui accroissent ou diminuent cette prédisposition ?

4° Les mariages entre sourds ont-ils plus de chances d'être heureux que les mariages entre un sourd et un normal ?

Quelques autres points d'intérêt moindre sont également considérés.

Je suis sûr, Messieurs, que je ne pourrais mieux faire, pour vous donner une idée de ce grand, consciencieux et instructif travail, que de vous traduire aussi exactement que possible le texte du *Résumé des statistiques et conclusions* par lesquels l'auteur a terminé son étude.

Nous préviendrons seulement que : l'appellation de « *sourd* » comprendra tous ceux qui, dès leur naissance, leur enfance ou leur jeunesse, n'auraient pu être élevés dans des écoles communes à cause de leur surdité. — Le « *sourd congénital* » sera celui qui n'a jamais donné de signes d'audition. — Le « *sourd accidentel* », celui qui est devenu sourd après avoir donné des signes d'audition.

RÉSUMÉ DES STATISTIQUES ET CONCLUSIONS.

Les plus importantes des statistiques présentées dans les précédents chapitres, et des conclusions que nous en avons tirées, peuvent être résumées comme suit :

Mariages aux Etats-Unis et en Europe.

Les mariages de sourds sont plus communs aux Etats-Unis qu'en Europe. Les élèves des écoles américaines pour sourds, qui nous ont été signalés comme mariés, constituent 23,1 % du nombre total des sourds qui ont fréquenté une école jusqu'à 1890, et la proportion actuelle de sourds mariés est probablement beaucoup plus élevée. De tous les pays d'Europe dont nous possédons une statistique, le Danemark seul présente une proportion aussi élevée que 23 % ; les autres contrées varient de 12 à 7 %. Cette fréquence plus grande des mariages des sourds aux Etats-Unis est vraisemblablement due en partie à l'absence de certaines restrictions qui entravent plus ou moins le mariage dans la plupart des pays d'Europe, en partie aux conditions de vie plus favorables des sourds aux Etats-Unis et à leur capacité plus grande d'y entretenir une famille.

Pendant le XIXe siècle.

Le nombre des mariages de sourds aux Etats-Unis s'est accru rapidement dans le cours du siècle.

La proportion des mariages relevés pendant la première décade est, au total des mariages pendant le siècle, de 0,02 %. Pour la troisième décade, elle est de 0,18 % et, dans les décades suivantes, cette proportion s'accroît jusqu'à la neuvième décade, où elle atteint 22,7 %. Nous devons naturellement tenir compte et de l'accroissement de la population, et de ce fait que les mariages des dernières décades ont dû être plus exactement relevés que ceux des premières décades. Cependant la rapide progression des mariages mise en évidence est certainement due, pour une grande part, à l'établissement d'écoles pour sourds. Non seulement les occasions de liaison présentées par la vie de l'école favorisent le mariage, mais l'effet de l'éducation est de permettre aux sourds un contact plus intime avec la société et d'accroître leur capacité de se marier et d'entretenir une famille.

Conjoints sourds et normaux.

La grande majorité des sourds mariés a épousé un sourd plutôt qu'un normal; la proportion des mariages dans lesquels les deux conjoints étaient sourds est de 72,5 % ; la proportion des mariages dans lesquels un conjoint était sourd et l'autre normal est de 20 %. Cette préférence réciproque des sourds pour le mariage a été expliquée par leur confinement pendant l'éducation, qui les réunit ensemble dans des internats et développe l'habitude du langage par signes. Il n'est pas douteux que ce confinement n'ait été la cause d'un certain nombre de mariages, mais il n'a pas été la cause principale. Ceci est bien démontré par ce fait que 77 % des sourds qui ont fréquenté des demi-pensionnats (day-schools), 78 % de ceux qui étaient externes, et 62 % de ceux qui n'ont suivi aucune école spéciale aux sourds, ont épousé des sourds. La cause principale qui pousse les sourds à se marier entre eux plutôt qu'avec des normaux, est une cause qui atteint ceux qui ont été élevés dans des demi-pensionnats et des externats (day and oral schools), ceux mêmes qui n'ont fréquenté aucune école spéciale aux sourds, presque autant que ceux qui ont été internés dans un but d'éducation : c'est le sentiment profond de confraternité et de sympathie qui prend ses racines dans la similitude des conditions de tous les sourds, quelles que soient les circonstances et la méthode qui ont présidé à leur éducation.

Fécondité.

Les mariages de sourds, l'un des conjoints ou les deux conjoints étant sourds, (sans tenir compte du caractère de leur surdité) sont probablement quelque peu, mais non beaucoup moins féconds que les mariages ordinaires.

La proportion de mariages de sourds sans enfants est de 14,1 % et le nombre moyen d'enfants par mère qui a eu des enfants est de 2,61. En Massachussets, en 1885, la proportion de femmes mariées sans enfants était de 17,56 %, et le nombre moyen d'enfants par chaque mère qui avait eu des enfants de 4,11. Mais présentement, la différence dans le nombre moyen d'enfants pour chaque mère est sans doute moindre que les tableaux ne semblent l'indiquer, parce que les enfants de sourds ne sont probablement relevés que d'une manière incomplète et qu'une proportion considérable de leurs mariages est de date récente.

Les mariages où les deux conjoints sont sourds sont

quelque peu moins féconds que ceux dans lesquels l'un des conjoints est sourd et l'autre normal. La proportion des mariages de la première catégorie, sans enfants, est de 15 % et le nombre moyen des enfants dans les mariages féconds est de 2,5. Dans la dernière catégorie, la proportion de mariages inféconds est de 11 %, et la moyenne des enfants par mariage de 2,9 %.

La différence dans la fécondité des mariages des sourds congénitaux et des sourds accidentels n'est pas grande ; cependant la fécondité des premiers est probablement un peu moindre : Dans les mariages de la première catégorie, où l'un des conjoints au moins, si ce n'est les deux, est un sourd congénital, la proportion sans enfants est de 15,5 % et le nombre moyen des enfants par mariage fécond de 2,72 % ; dans les mariages de la deuxième catégorie, où l'un des conjoints, si ce n'est les deux, est un sourd accidentel, la proportion des mariages inféconds est de 14 % et la moyenne des enfants par mariage fécond de 2,47 %. Le nombre moins élevé d'enfants dans les mariages des sourds accidentels est peut-être dû à ce fait que la durée moyenne des mariages relevés dans cette catégorie a été probablement moindre que la durée des mariages des sourds congénitaux. Les premiers élèves des écoles américaines étaient en majorité des sourds congéni aux, tandis que, pendant les années plus rapprochées, la majorité des élèves était constituée par des sourds accidentels.

Enfants sourds.

Les mariages de sourds, l'un des conjoints ou les deux conjoints étant sourds et sans tenir compte du genre de surdité, sont beaucoup plus susceptibles de produire des sourds que les mariages ordinaires.

La proportion de mariages de sourds ayant produit des sourds est de 9,7 %, et la proportion d'enfants sourds nés de ces mariages de 8,6 %. Nous ne connaissons pas l'exacte proportion des mariages ordinaires qui donnent naissance à des sourds ni la proportion de sourds qui en naissent, mais il est probable que cette proportion est moindre que 1 pour 10,000.

D'autre part, les mariages entre sourds ont beaucoup plus de chances de produire des enfants normaux que des enfants sourds. La proportion d'enfants normaux relevés dans nos tableaux est de 75 % — la proportion actuelle est probablement beaucoup plus élevée — tandis que celle des enfants sourds, comme nous l'avons dit plus haut, est de 8,6 %.

Ces résultats concordent, d'une part, avec cette loi de l'hérédité que les anomalies physiques et les tendances pathologiques des parents sont susceptibles de passer aux descendants, et d'autre part, avec cette autre loi de l'hérédité que la descendance tend à retourner au type normal.

Les deux conjoints sont sourds ou l'un est sourd et l'autre normal.

Il n'est pas nécessaire que les deux conjoints soient sourds pour la transmission héréditaire des conditions qui aboutissent à la surdité. Au contraire, si l'on considère l'ensemble des sourds sans se préoccuper des caractères de leur surdité, les mariages dans lesquels les deux conjoints sont sourds ne sont pas plus susceptibles de produire des sourds que ceux dans lesquels l'un des conjoints est sourd et l'autre normal. Il semblerait même, en vérité, qu'ils courent moins de risques de produire des sourds. La proportion des mariages où les deux conjoints étaient sourds et qui produisirent des sourds est de 9,2 %, et la proportion d'enfants sourds nés de ces mariages de 8,4 % ; la proportion des

mariages dans lesquels l'un des conjoints était sourd et l'autre
normal et qui engendrèrent des sourds est de 12,5 %, et la
proportion des enfants sourds nés de ces mariages de
9,8 %. Si, au lieu du nombre des mariages, nous considé-
rions le nombre des mariés, la proportion d'enfants sourds
procréés par 100 sourds mariés à des conjoints sourds est de
9,4 %, tandis que la proportion d'enfants nés de 100 sourds
mariés à des normaux est de 25,8 %. Même, la proportion
élevée des mariages où les deux conjoints étaient atteints de
surdité congénitale et qui procréèrent des sourds et la proportion élevée des sourds qui en sont nés, peuvent être
expliquées dans la plupart des cas par cette circonstance
qu'il y avait deux personnes au lieu d'une capables de
transmettre les conditions physiques qui aboutissent à la
surdité. En effet, si nous considérons le nombre de mariés
atteints de surdité congénitale, nous trouvons que le nombre
d'enfants sourds nés de 100 sourds congénitaux mariés à 100
sourds congénitaux (30,8) n'est pas plus grand que celui des
enfants nés de 100 sourds congénitaux mariés à des normaux (34,2). Dans la majorité des cas, il ne semble pas qu'il
y ait accroissement de risques de procréer des sourds par
le mariage de deux sourds entre eux.

Cette conclusion n'est pas, comme il semblerait à première
vue, en opposition avec la loi générale de l'hérédité, que la
tendance à la transmission héréditaire de toute particularité
existant chez les parents s'accroît par l'union du « semblable avec son semblable ». En effet, lorsque la surdité
des parents réapparaît chez les descendants, la particularité
transmise n'est pas la surdité, comme l'ont généralement
soutenu les écrivains qui ont traité ce sujet, mais bien
quelque anomalie de l'appareil de l'audition ou du système
nerveux, ou la prédisposition à quelque maladie dont la
surdité n'a été que le résultat ou le symptôme. D'autant

plus que ces anomalies, ces maladies aboutissant à la surdité sont nombreuses et variées ; et que même chez les sourds congénitaux, la condition pathologique qui aboutit à la surdité n'est pas la même chez chacun des deux conjoints, et qu'ainsi leur mariage ne réalise pas, au point de vue physiologique, l'union du « semblable avec son semblable ». D'autre part, dans les cas ou la condition pathologique des deux conjoints est la même, — et il en est probablement ainsi dans la majorité des mariages de sourds consanguins, — le risque de descendants sourds est sans doute accru ; mais par bonheur, ces mariages sont plutôt rares. Le nombre de ces mariages mentionnés dans ce travail, inférieur probablement au nombre actuel, est de 31, c'est-à-dire 69 % du nombre total des mariages. Sur ces 31 mariages, 45 % procréèrent des sourds, et la proportion d'enfants sourds procréés par eux fut de 30 %. La particularité curieuse mentionnée précédemment, que les proportions des mariages procréant des sourds et des sourds nés de ces mariages sont plus élevées quand l'un des conjoints était un normal, que lorsque les deux conjoints étaient sourds, est due sans doute à ce fait que la proportion des mariages consanguins relevée, était plus élevée dans les mariages où l'un des conjoints était normal (2 %) que dans les mariages où les deux conjoints étaient sourds (0.37 %).

Conjoints sourds, congénitaux ou accidentels.

Les sourds congénitaux, — qu'ils soient mariés entre eux, ou à des sourds accidentels, ou à des normaux, — sont beaucoup plus prédisposés à procréer des sourds que les sourds accidentels. La proportion des mariages de la 1re classe, — l'un des conjoints ou les deux conjoints sourds congéni-taux, — ayant donné naissance à des sourds est de 13 %, et la proportion de leurs enfants sourds de 12 % ; dans les mariages de la 2ᵉ catégorie, — l'un des conjoints ou les deux conjoints sont des sourds accidentels, — la proportion des mariages procréant des sourds est de 5,6 %, et la proportion des enfants sourds procréés par eux de 4,2 %. Le risque de procréer des sourds est le plus grand quand les deux conjoints sont des sourds congénitaux; la proportion de mariages donnant alors naissance à des sourds est de 24,7 %, et la proportion de sourds qui en naissent, de 25,9 %.

Les mariages de sourds accidentels sont plus susceptibles de procréer des sourds que les mariages ordinaires. Mais lorsque les deux conjoints sont des sourds accidentels, ou que l'un d'eux est normal, le risque est léger. La proportion des mariages de deux sourds accidentels procréant des sourds est de 3,5 % et la proportion des enfants sourds qui en naissent, de 2,3 %. Dans les mariages de sourds avec des normaux, la proportion des mariages aboutissant à des enfants sourds est de 3,2 %, et la proportion des enfants sourds qui en sont nés, de 2,2 %. La proportion des mariages de sourds avec des normaux, procréant des sourds, est de 8 %, et la proportion d'enfants sourds procréés par eux est de 6,5 %.

La prédisposition plus grande des mariages de sourds congénitaux que des mariages de sourds accidentels à procréer des sourds, s'accorde avec cette loi d'hérédité généralement admise, que les particularités congénitales ou innées sont plus susceptibles d'être transmises que les particularités acquises. Lorsque la surdité du sourd accidentel réapparaît dans sa descendance, l'on peut supposer que l'anomalie physique, ou la tendance à la maladie qui aboutit à la surdité, était probablement congénitale chez les parents, bien que la surdité actuelle ne se soit manifestée que dans une période plus avancée de la vie.

Conjoints ayant des parents sourds.

Les sourds ayant des parents sourds, quel que soit leur mariage, et les normaux ayant des parents sourds et mariés à des sourds, courent grand risque d'avoir des enfants sourds. (Il est probable que les normaux ayant des parents sourds et mariés à des normaux courent les mêmes risques, mais ces cas ne se trouvent pas compris dans la présente enquête). Que les mariages de sourds soient classés suivant la surdité de l'un ou des deux conjoints, suivant le caractère congénital ou accidentel de la surdité, la proportion des mariages procréant des sourds et la proportion des enfants sourds procréés par eux atteignent presque invariablement le taux le plus élevé lorsque les deux conjoints ont des parents sourds, un taux moindre lorsque l'un des conjoints a des parents sourds et l'autre pas, et enfin le taux le moins élevé lorsque ni l'un ni l'autre des conjoints n'a de parents sourds. Les seules exceptions se rencontrent dans quelques catégories où les nombres relevés sont trop faibles pour qu'on s'y arrête. Si l'on considère les résultats des mariages d'une durée d'une année au moins où les deux conjoints avaient des parents sourds, la proportion de ces mariages ayant procréé des sourds est de 23,5 °/o et la proportion des enfants sourds nés de ces mariages de 20,9 °/o ; dans les mariages où l'un des conjoints avait des parents sourds et l'autre pas, la proportion des mariages aboutissant à des enfants sourds est de 6,6 °/o, et la proportion d'enfants sourds nés de ces mariages, de 6,4 °/o ; dans les mariages où ni l'un ni l'autre des conjoints n'avait de parents sourds, la proportion des mariages donnant naissance à des sourds est seulement de 2,3 °/o et la proportion d'enfants sourds procréés, de 1,2 °/o. Il est vraisemblable que présentement les proportions des mariages procréant des sourds et des enfants sourds procréés par eux sont même moindres que celles-ci, car dans bien des cas, le fait que les conjoints n'avaient pas de parents sourds n'est pas bien établi. Dans tous les cas, il a pu arriver qu'il existait des parents sourds inconnus des personnes qui ont rempli les feuilles de renseignements. Quand aucun des conjoints n'a de parents sourds, le risque de procréer des sourds est très faible, peut-être n'est-il pas plus grand que dans les mariages ordinaires.

Dans les mariages ou les deux conjoints sont des sourds congénitaux et ont tous deux des parents sourds, la proportion de mariages procréant des sourds et la proportion des enfants sourds procréés par eux est très élevée (28,4 et 30,3 %); mais lorsqu'aucun des conjoints n'a de parents sourds, même lorsque tous deux sont des sourds congénitaux, le risque semble très faible, peut-être n'est-il pas plus grand que dans les mariages ordinaires. Quatorze mariages de cette catégorie ont été relevés, qui eurent 24 enfants. L'un de ces enfants était sourd; mais dans ce cas particulier, il est imparfaitement établi par les renseignements sur le mariage que ni l'un ni l'autre des deux conjoints n'avait de parents sourds. Si nous acceptons ce cas unique, la proportion des mariages donnant naissance à des enfants sourds est de 7,1 % et la proportion des enfants sourds procréés par eux de 4,1 % ; mais si nous le rejetons, il ne reste plus un seul exemple de mariage dans lequel les deux conjoints étaient sourds et n'avaient aucun parent sourd qui ait procréé un enfant sourd. Le nombre total des mariages de cette catégorie n'est pas assez élevé pour rendre le résultat concluant ; cependant en les rapprochant de 111 autres mariages de sourds congénitaux dans lesquels aucun des conjoints n'avait de parents sourds, nous avons le droit de conclure que si la surdité congénitale paraît être, à première vue, une indication de la possibilité de donner naissance à des sourds, elle ne peut être considérée comme une cause évidente de cette possibilité.

D'autre part, la parenté avec des sourds semble être une indication sérieuse à la possibilité de procréer des sourds. Si un sourd, ou congénital ou accidentel, a des parents sourds, il court le risque, quel que soit son mariage, d'avoir des enfants sourds ; mais ce risque est bien plus grand dans le cas des sourds congénitaux que dans le cas des sourds accidentels ; et si un sourd, avec ou sans parents sourds, prend un conjoint soit sourd soit normal, mais qui a des parents sourds, le mariage est susceptible de procréer des enfants sourds. Si les deux conjoints ont des parents sourds, les conditions qui conduisent à la surdité, quelles que soient ces conditions, sont susceptibles d'être transmises par les deux parents à la fois, et le risque d'enfants sourds en est largement augmenté ; mais même lorsque l'un des conjoints seulement a des parents sourds, le risque de procréer des enfants sourds est encore considérable.

Conjoints consanguins.

Les mariages de sourds les plus sujets à engendrer des sourds sont ceux dans lesquels les conjoints sont consanguins. 31 de ces mariages sont relevés dans nos tables, sur lesquels 14, c'est-à-dire 45,1 % engendrèrent des sourds. 100 enfants naquirent de ces 31 mariages, sur lesquels 30, c'est-à-dire 30 % étaient sourds.

Les totaux des différentes classes de parenté, telles que cousins germains, cousins issus de germain, et les totaux des différentes classes de mariage : mariages de deux conjoints sourds, d'un sourd et d'un normal, de deux conjoints sourds congénitaux ou sourds accidentels, un conjoint ou les deux conjoints ayant des parents sourds ou non, sont trop faibles pour nous permettre de tirer des conclusions de leur comparaison, mais la haute proportion de mariages procréant des enfants sourds et d'enfants sourds procréés par eux, dans chacune de ces catégories, montre qu'il est extrêmement dangereux pour un sourd d'épouser un parent, peu importe le genre et le degré de parenté, que ce parent soit sourd ou normal, que la surdité soit congénitale chez un seul conjoint, chez les deux, chez aucun des deux, que l'un des deux, que tous les deux, qu'aucun des deux n'ait de parents sourds.

La raison pour laquelle les mariages consanguins sont tellement plus sujets à donner naissance à des sourds que les mariages ordinaires de sourds est probablement que, dans de tels mariages, la même cause qui produit la surdité existe chez les deux conjoints, et qu'à la suite de l'union du « semblable avec son semblable », elle se transmet à leurs descendants, avec une intensité accrue.

Bonheur.

Les mariages dans lesquels les deux conjoints sont sourds ont plus de chances, toutes choses égales d'ailleurs, d'aboutir au bonheur que ceux dans lesquels le conjoint était sourd et l'autre normal. La proportion de divorces et de séparations relevés dans les mariages où les deux conjoints étaient sourds est de 2,5 % ; quand l'un des deux conjoints était sourd et l'autre normal, la proportion relevée est de 6,4 %.

Les conditions plus favorables au bonheur, quand les deux conjoints sont sourds, sont sans doute, le lien puissant d'affection mutuelle qui naît de la similitude de leur condition, la liberté et l'aisance avec lesquelles ils communiquent ensemble, l'identité des relations sociales et des sympathies qu'ils rencontrent dans la vie extérieure.

BIBLIOTHÈQUE NATIONALE R.F. IMPRIMÉS

www.ingramcontent.com/pod-product-compliance
Ingram Content Group UK Ltd.
Pitfield, Milton Keynes, MK11 3LW, UK
UKHW022347170726
13837UKWH00005BA/2470